김 지 원 제8시집

남은 그리움을 너에게 보낸다

금란출판사

머리말

2008년 12월 간행된 제7시집 이후 만 4년 만에 고여 있던 생각의 우물을 퍼 그릇에 담는다.

세 부분으로 나누어 비교적 최근 것은 앞쪽에 그리고 중간과 마지막 부분은 창작 시기나 성격이 비슷한 시를 함께 묶었다. 시를 쓰는 것은 쉽고, 쓰지 않고 쉬는 것은 더 쉽다.

그러나 그나마 잊지 않고 틈틈이 쓴다는 것은 어려운 일이다. 그러니까 나는 이 어려운 일을 꽤 오랫동안 지속해 온 셈이다. 누가 시키지는 않았지만 열여섯 살이 되던 어느 날 밤부터 시작해 왔으니 말이다. 길을 가다가도, 밥을 먹다가도, 슬픈 영화를 보는 와중에도 시에 대한 생각은 떠나지 않았다. 치기로 글을 쓸 때는 연필과 종이만 있으면 입신양명할 수 있다는 생각이 발동하기도 했고, 신문이나 잡지에 발표된 것을 보고는 스스로 대견해 하기도 했다.

그러나 결론적으로 말하자면 시는 나에게 입신양명의 길로 인도해 주질 못했다. 오히려 그 반대였다. 한동안 절망의 늪으로 빠뜨리기도 했고, 이 짓만 하다가는 딱 절대 빈곤층으로 전락하기 십상이라는 확신을 주기도 했다.

세상은 한동안 빠르게 변했다. 사람들은 시를 외면한 채 TV나 인터넷 그리고 보다 재미있는 게임기 앞에서 피자와 콜라를 먹는 재미에 빠졌다. 시는 문명의 잔치 자리에 초대받지 못한 콩쥐가 되어 구박과 천덕꾸러기 신세가 되는 것인가.

아, 그런데 그게 아니었다. 절망적인 위기감 속에서 문자가 되살아나기 시작한 것이다. 내가 이미 7시집 속에 있는 시 "문자의 비상"에서 밝혔듯이 아득한 수메르 시대의 설형문자 같은 것들이, 아니면 실크로드의 종점 부근에 있는 돈황 석굴에 잠들어 있는 갑골문자 같은 것들이 꿈틀거리며 살아나기 시작한 것이다.

그렇다. 물질문명의 발달로 사람 사는 모습은 달라졌지만 본질은 변하지 않았던 것이다.

아이들은 인터넷 앞에 앉아 햄버거를 먹으면서도 글을 올렸고 말로 다하지 못한 부스러기를 남겼다. 밤을 새워가며 가상의 공간에 문자를 띄우기도 하고 때와 장소를 가리지 않고 휴대폰으로 문자를 날렸다. 아, 드디어 문자가 하늘로 날아다니는 세상이 오다니! 길을 가다가 푸른 하늘을 찬찬히 바라보면 미확인 비행물체 같은 자음과 모음이 하늘 가득 날고 있었다. 문자의 전성시대! 전혀 예측하지 못한 상황이었다. 절망의 복판에서 희망의 불빛으로 되살아난 것이다.

그런데 문제는 또 있었다. 언어의 폭력성이었다. 얼굴도 없는 것들이 떼 지어 다니며 살인, 방화, 약탈 등 온갖 잡다한 일들을 저지르고 다녔다.

과연 이 시대의 시인은 무엇인가. 최근 문인단체에서 배포한 자료에 의하면 물경 오천 명 시인의 명단이 발표되었다. 문단 인구가 1만 명을 상회하는 시대에 그중에 절반 가까운 사람들이 시인이라니! 그런데 그건 둘째치고 자칭 타칭에, 본명까지 숨겨가며 버젓이 이미 등단한 기성 문인의 이름까지 도용하는 포복절도에, 후안무치에, 뻔뻔스러움까지 겸한 자들까지 차고 넘쳤다.

도대체 희망이 있기는 있는 것일까. 시인은 무엇인가 추방해야 할 존재인가. 부모가 지어준 자기 이름에 떳떳지 못하고 어찌 자신의 정체성을 확인할 수 있겠는가.

각설하고, 이런 일들이 축복인가 재앙인가에 대해서는 잠시 말을 유보한다. 이유는 간단하다. 벼멸구와 꽃매미 떼가 해충인가 익충인가 말할 겨를도 없이 기계와 언어의 이종교합의 난세를 만났기 때문이다. 농약이 필요한가. 천적이 필요한가, 아니면 비행기를 동원한 항공방재가 필요한가. 과연 이 시대의 가객은 무엇이며 무엇을 노래해야 할 것인가. 말세에 이단들이 득실거리는 거리로 또 한 권의 시집을 내보낸다.

잘 가거라. 그리운 이여
부디 만수무강하기를!

2012. 겨울
김지원

차례

제2부 낯선 시간 속에서

차례

제3부 종말

시와 함께 읽는 산문

제1부

탄금대

탄금대

푸른 청솔가지마다
우륵이 걸어 놓고 간
가야금은 있는데
한 마리씩 내게 와
눈송이처럼 군무하던
학은 없네
천상의 열두 곡을 탄들 무엇하리
어차피 춤출 줄 모르는 시대인 것을.

그대

외로운 곳에는 그대가 있네
아무도 없는 곳에
늘 홀로 서 있는 그대
홀로 있어 눈 마주치는 바람 한 자락 없고
흔들리는 그림자도 없이
그리움에 젖은 눈빛만 있네
기다리다 지친 마음
저녁 물안개 되어 피어오르고
기약 없는 날 동안에는
잊혀진 발자국 소리도 없어
힘겹도록 수련 향기만 가득 젊어진 그대
눈빛만 홀로 서 있네.

감자

김지원
제8시집
남은 그리움을 너에게 보낸다

봄이 이슥하도록
고집스럽게 주장하고 있는
저 어두컴컴한 헛간 한구석
죽어도,
사랑 없이는
한 톨도 내어 줄 수 없다며
웅크리고 앉아
시퍼렇게 눈뜨는
감자의 어린 싹!

딸에게

김지원
제8시집
남은 그리움을 너에게 보낸다

사랑스러운
디. 엔. 에이
내 초록빛 꿈의 홀씨를
날려 보낸다
봄기운이 가득한 들판 위로.

이사 · 4

김지원
제8시집
남은 그리움을 너에게 보낸다

헤어지는 것은 눈물겹고
붙들고 있는 것은 행복하다
취, 산, 봉, 별
무엇을 취하고
무엇을 버리랴
모두 등가의 생명인 것을.

낙엽의 말

김지원
제8시집
남은 그리움을 너에게 보낸다

낙엽마다
얼굴이 있다
희로애락에 물든

낙엽마다
손금이 있다
힘들게 세상을 건너오느라
뒤엉킨 미로 같은

훌훌 털어버린
자유함인가
아니면
못내 떠나지 못하는
아쉬움인가

낙엽마다
천일야화 같은 이야기가 있다

밤새 풀어 놓아도 끝없는
명주실 타래 같은.

모기

김지원
제8시집
남은 그리움을 너에게 보낸다

무고한 피를 흘리는
어둠의 자식들

야간 비행마다
구형 B-29
급강하하는 소리

전쟁이 쉬 끝날 기미를
보이지 않는다
불면으로 뒤척이는
여름밤 내내.

그리움에게

김지원
제8시집
남은 그리움을 너에게 보낸다

시로 쓰고 남은 그리움
너에게 보낸다
쓰다 망단하여
스러져 가는
낡은 설레임 하나
모스 부호처럼 날린다

헤아려도 닿지 않은
저녁연기 한 자락
저물도록 발돋움하던
장대 끝 아득한 허공으로
전설을 보낸다

가까이 다가설 때마다
아득해져 가는
부러진 형용사의 푸른 눈빛
아, 잊으려 해도 잊혀지지 않는

바람의 창백한 그림자
사랑스런 말과
노새의 방울소리들만 모여 사는 나라

그 까마득히 가물대는
잔물결 위로
눈 먼 새 한 마리 날린다.

해변에서

김지원
제8시집
남은 그리움을 너에게 보낸다

물 위에 떠 있는 것은
다 섬이다
물방개, 소금쟁이, 부래옥잠
할 것 없이

물결에 시달리는 것은
다 외로움이다
모래톱, 물새 발자국
갈매기 울음까지

뿔뿔이 흩어지는 것은,
혼자 날고 있는 것은,
밀려왔다 밀려가는 것은,
텅 빈 공허다

억겁의 바람으로도
다 채울 수 없는.

천리포 동백꽃

김지원
제8시집
남은 그리움을 너에게 보낸다

천리포 바닷가
동백꽃이 피었습니다
노오란 꽃술에 머리 박은
호박벌 한 마리
온통 꽃가루 투성입니다
느린 햇살을 타고 닿지 않는 그리움
날마다 파도쳐 옵니다
기다리는 마음 꽃잎처럼 붉어지겠지요
아, 잊어버린 옛사랑도
새록새록 생각납니다.

봉숭아

김지원
제8시집
남은 그리움을 너에게 보낸다

여름이 갈 때쯤
봉숭아꽃도 함께 졌다
봉숭아 꽃물이 잘 들면
저승 가는 길이 밝다고
손가락마다 동여 맨 약속
살아가면서 퍼트린
아름다운 소문이
지루한 하루를 노을처럼 물들이면
열 손가락 가득
꽃등을 켜고 가는 여름.

황사주의보

황사가 밀려온다
고비 사막에서부터
동복을 말에 실은 황사 군단이 쳐들어온다
말발굽 소리도 요란하게 창검을 휘두르며
온 천지 분간할 수 없이 모래바람을 휘날리며
인해전술로 밀려온다
한치 앞을 내다볼 수 없다
싸우자니 중과부적이고
피할 곳도 마땅치 않다
차라리 북을 울려라
배산임수, 금계포란형 풍수는 좋다마는
이웃이 사납구나
삼별초는 모여라
좌별초와 우별초도 모여라
이교도들이 몰려온다
끝까지 싸우고

또 싸우라
씨도 없이 다 소멸되어
황사가 될 때까지.

개화기 단상

김지원
제8시집
남은 그리움을 너에게 보낸다

봄이 온 듯하더니
다시 겨울이다

어제는 바람이 불고
흙비가 내리더니
오늘은 춘설이 난분분하여
다시 겨울로 되돌아 간 듯하다

언제 봄이 그냥 온 적 있었을까만
꽃 한 송이를 두고도
보수와 진보 싸움이
한창이다.

목련화

김지원
제8시집
남은 그리움을 너에게 보낸다

해마다 목련은
힘에 겨운 꽃 짐을 한 짐씩 짊어졌다
지심 깊숙이 숨겨 둔 희고 보드라운 언어를 끌어올려
지상 가득히 펴 올려놓고
그리움으로 창백해진 봄밤에
나무 가장 꼭대기 층까지 올라가
새처럼 날았다

대지는 이미 새털처럼 가벼워진 삶의 무게를
사뿐히 받아 주었지만
밤새 쌓아둔 언어들을 부숴 버린 것은
그 자신이었다

해마다 그리움으로 아득해지면
마구 뛰어내리는
목련화!

로드 킬

김지원
제8시집
남은 그리움을 너에게 보낸다

짓밟힌 것들의 사인은
통상 규명되지 않는다
부검도, 현장검증도 없고
누구 하나 눈물 흘리는 이도 없다
흔히 마주치는 일상의 바람처럼
잠시 스치고 지나갈 뿐

길에서 세상을 뜬 것들은
한결같이 길바닥에 누워 있다
혀도, 내장도 형체도 없고
몇 마디 언어도 말라 비틀어져 있다
함부로 세상을 건넌다는 것이
얼마나 무모한 것인가를
온몸으로 보여준 셈이다

앞뒤 가리지 않고
제 갈 길만 간 것도

결국 분별없는 일이다
눈길 한번 주지 않던 시간들이
다시 발자국 소리를 저벅거리며 지나가고
가엾게도,
남아있는 그림자마저
조금씩, 조금씩 증발하다가
이내 햇볕 속으로 사라졌다.

오수

김지원
제8시집
남은 그리움을 너에게 보낸다

자다 일어나보니
밖에는 비가 내리고 있다
점점 빠른 속도로 허물어져 내리는
시간
거리는 낯선 봄풀들로 가득하다

모든 것은 새롭게 돋아나고
다시 망각으로 가는 간이역을 지나고 있다
누구 하나 목이 메인 이별가를 부르거나
손수건을 흔드는 사람 없이
지나간 것은 벌써
저 건너편에 있다

오랫동안 만나지 못한 그리움이
안개처럼 자욱하고
희미한 그림자로 남아 있다

아, 매순간 정적을 깨며 내리는 비
문득, 일어나 보니
봄날이 눈물의 한 정점을 지나고 있다.

옹달샘

김지원
제8시집
남은 그리움을 너에게 보낸다

새카만 흙 속에서
맑은 물 솟아나네
단단한 바위 틈을 뚫고
부드러운 샘물 흐르네
하늘에서 떨어지던 빗방울
땅 속에 스며들어 자취도 없더니
어두운 땅 속 어디쯤 가서
옹달샘 되어 붕긋 솟아오르네
무성한 수풀 정적을 뚫고
도란도란 다정히 솟아나는,
소금쟁이 발 딛고 건너고
도롱뇽이 몸담고 살아도
조금도 흐려지지 않고
날마다 더 맑게 우러나는
샘물.

이상향

김지원
제8시집
남은 그리움을 너에게 보낸다

차 없는 곳이 이상향이다
소음이 없는 곳이 하늘나라
급할 것 없는 시간 속에서
괴나리봇짐 지고
휘적휘적 쾌자 자락 휘날리며 걸어가는
조선의 옷자락 스치는 소리 하나
만날 수 있다면,
머흘한 영 넘어 어디쯤
바위에 걸터앉아 쉬고 있는
고즈넉한 고려를 만날 수 있다면
얼마나 좋으랴

먼 곳에서 오늘 발걸음 소리 끊기고
넘치는 소통으로
반가운 일 없는 세상
아, 편리하면 할수록 그리운
불편한 세상.

봄비 속에서

김지원
제8시집
남은 그리움을 너에게 보낸다

문턱을 밟으면 어머니 죽는다
베개를 거꾸로 세우면,
꿈에 윗이빨이 빠지면,
검지 발가락이 길면,
어머니 죽는다

평생 수천 번도 더 죽은 어머니가
봄비 속에 부활하고 있다.

산수유 꽃

김지원
제8시집
남은 그리움을 너에게 보낸다

봄밤에는 낯선 새들이 운다
불면으로 뒤척이는 밤비도 추적거리고
밤을 좇아가는 것들이 많다
지나고 나면 다 부질없는 것을
가르쳐 준 것일까
세월 가는 소리가 들린다
그리운 날들이여
문득, 누님이 보내준 도록 속
전라남도 구례군 광의면 구만리
노오란 산수유 꽃이
바람에 지고 있다.

눈의 향기

김지원
제8시집
남은 그리움을 너에게 보낸다

눈에서 향기가 난다
새하얀 향기
고생대나 선캄브리아대쯤
바위 틈에서 돋아난
양치류의 새싹 같은

새벽 어둠을 뚫고 내린 눈밭에서는
새벽 어둠 냄새가 배어 있다
군불을 지필 때 토방으로 내려와
고여 있던
푸른색 냉갈처럼
저 깊은 지심에서
스멀스멀 피어오르는 정갈한 언어
무색 무미 무취의 향취

눈에서 향기가 난다
갓 설거지하고 돌아온 어머니 손등에서 난

붕긋한 냄새
아니면
창세 이후 정지된 시간들이
발걸음을 옮길 때마다 조금씩 터져나와
뽀드득, 뽀드득 소리 내며
풍기는 유분 냄새 같은.

2월의 노래

김지원
제8시집
남은 그리움을 너에게 보낸다

2월은 다리
새해와 새봄을 연결하는
희망의 고리
아직 풀리지 않은 하늘을 보고
실망하지 말라
고통은 기쁨을 가져오는
전주
해질녘 어둔 강둑을 타고 하염없이 풀려나던
볼가강 뱃사공들의 아득한 노랫소리거나
그림자마저 부푼 낡은 추억의 등성이
날아라
늦은 잠에서 깨어난 눈물이여
꽃이 되기 전 되어 있는
아득한 나라
그 큰 눈을 반쯤 내리감은
그리움으로.

아카시아 꽃 필 때

김지원
제8시집
남은 그리움을 너에게 보낸다

아카시아 꽃 필 때
사랑니가 아팠다
밤새 생니 앓이로
뜬눈으로 뒤척이다 일어난 아침
소리 없이 꽃이 피고
새하얀 향기가 가득 내려왔다
아, 눈물과 맞바꿀 만한
아름다움이여

사탄아 물러가라
너는 나를 넘어지게 하는 유혹이다.

오월

김지원
제8시집
남은 그리움을 너에게 보낸다

신록이 깨어나는 시간을 알리는
푸른 종소리
줄줄이 매달린 꽃등이 하나씩 터질 때마다
머리 위로 가득 쏟아지던 오월
나는 너의 눈물이다
여름은 매번 성장한 모습으로
잊혀진 기억들을 되살려 놓지만
어쩌지 못한다
추억으로 매달려 있는 것들은 아득하고
망각으로 건너간 것들은 손에 닿을 듯 가깝다
그리움은 항상 멀리 떠나 있고
닿을 수 없음으로 더욱더 그리워진
무엇인가
항상 초록빛 순수 속에 매달려 있는 너는.

떠난 것들

김지원
제8시집
남은 그리움을 너에게 보낸다

내 유년시절
맨 처음 나를 떠나
차례로 지붕 위에 던져졌던 유치는
지금쯤 어디에 있을까

어머니 모태에서 자란
솜털 같은 배냇머리 털도
이삿짐 속에 섞여
어디론가 사라진 후
기별이 없고

보름마다
반달만큼씩 자라나던
봉숭아 꽃물 들이던 손톱도
어느 낯선 시간 속을 헤매는지
한번 떠난 것들은 모두
아득하기만 하다.

밥

김지원
제8시집
남은 그리움을 너에게 보낸다

누구에게는 생존이
누구에게는 죽음이다
누구에게는 성공이
누구에게는 쓰디쓴 패배이고
누구에게는 희희낙락거리는 일들이
누구에게는 천추의 한으로 남기도 한다

왜 우리는 누구누구에게
무엇이 되어 비로소 존재하는가

작은 것은 큰 것에게
큰 것은 더 큰 것에게
그리고 더 큰 것은 아주 작은 것에게
한 그릇의 뜨거운 밥이 되므로
아름다운 세상.

적

김지원
제8시집
남은 그리움을 너에게 보낸다

적은 적이라고 얼굴에 써 붙이고 다니질 않는다
마귀처럼 눈꼬리가 치켜 올라갔다거나
머리에 뿔이 있거나
입에 시뻘건 피를 뚝. 뚝. 흘리고 다니지도 않는다
적은 오히려 투명하다
햇빛처럼 빛나기도 하고
달빛처럼 으스름하기도 하고
미풍처럼 부드러운 미소를 날리기도 한다
적은 비수를 가지고
네 심장을 겨누지 않는다
흙먼지를 뽀얗게 휘날리며
창검을 휘두르며 달려오지도 않고
에이케이 소총으로 무장하고
밀림 사이에 준동하는 게릴라이거나,
분리주의자이거나,
아니면 타밀 반군처럼 복면의 사나이들이 아니다
그들은 연체동물처럼 부드럽고

무성생식처럼 소리 없이 포자를 휘날릴 뿐
종적을 남기지 않는다
포연이 자욱한 전장에서는
더욱더 오리무중!
피아를 구분할 수도 없다
적은 과연 어디에 있는 것일까.

재개발

김지원
제8시집
남은 그리움을 너에게 보낸다

바람을 재개발하면
눈이 되고
눈을 재개발하면
비가 되고
비를 다시 재개발하면
우박이 되고, 서리가 되고
천둥 번개가 되거늘
어쩌자고 삶을 재개발하니
남루가 되는가.

재개발 지대

이사 갈 때 버리고 간 고양이들이
겨울 추위에 떨고 있다
끼니 때마다
잡을 개밥만큼씩 얻어먹던 개들도
허물어진 블록담 곁에서
시멘트 냄새나는 햇볕을 쬐고 있다
사람도 갈 곳이 마땅찮고
짐승들도 딱히 정해 놓은 곳이 없다
바람이야 이주비나 받아
낯선 땅에 정붙이고 살겠다고
맨살을 부비겠지만
대책 없이 겨울 한복판에 내몰린
불안한 눈빛들.

여름밤 스케치

김지원
제8시집
남은 그리움을 너에게 보낸다

부부젤라 소리가
꿀벌소리같이 잉잉거리던
뜨거운 여름
집단 마법에 걸린 시간들이
자기장의 공명으로 방향감각을 상실한 채
표류하고 있다

붉은 옷을 입고,
붉은 피를 흘리며,
붉은 뿔을 단 일련의 바람들이
마귀가 되기 위해 소동하는 밤으론
빗자루를 탄 매부리코 할멈들이 떼를 지어
하늘 가득 날고 있다.

네 웃음

김지원
제8시집
남은 그리움을 너에게 보낸다

네 웃음은 파란색 물감이다
헐벗은 세상을 희망으로 번지는

네 웃음은 평화의 종소리다
지루하고 오랜 내전과 전쟁의 종식을 알리는

까르르 까르르 웃는 네 천진난만한 웃음은
지진과 쓰나미 그리고 쓰레기더미로 변한 세상을
단번에 건너오는 따뜻한 은유
아, 마지막 인기척마저
점점 멀어져 가는 칠흑같이 어둔 밤 지나
밝아오는
새날 새 아침이다

달에 가는 이유

김지원
제8시집
남은 그리움을 너에게 보낸다

인간이 달나라에 간 것은
달을 보기 위한 것이 아니라
달에서 지구를 보기 위함이다
첫발을 내딛기 전부터
혹한의 추위와
죽음의 침묵이 달그림자처럼 비치는 곳

인간이 달에 간 것은
물의 존재를 확인하기 위한 것이 아니라
물의 소중함을 깨닫기 위함이다
하루 종일 폭풍우 바다를 노저어 가도
폭풍우마저 없는 쓸쓸한 바다
계수나무도 옥토끼도 온데간데없고
끝없는 침묵이 전갈처럼 도사리고 있는
적막강산

인간이 달나라에 가는 것은
발자국을 찍기 위한 것이 아니라
외로움의 흔적을 남기기 위함이다
눈 씻고 봐도 살아 있는 것이라고는
풀도, 나무도, 생명체도
쥐뿔도 없고
무성한 소문만 풍선처럼 둥둥 떠다니는 세상
잡으려야 손에 잡히는 것이라고는
실오라기 하나도 걸치지 않은
달빛만 강물처럼 흐르는 곳

인간이 달나라에 간 것은
달을 보기 위함이 아니라
잊혀진 본향의 아름다움을
보기 위함이다.

파라오

애굽의 왕들이 누워 있다
자자대대 손손
죽어서도 쉽게 버릴 수 없는 부귀와 영화
황금가면을 쓴 채
헌 누더기 같은 천을
온몸에 칭칭 감은 채
먼지와
푸른색 곰팡이와
스멀거리는 바이러스의 중간 임자몸이 되어
관 속에 누워 있다
수천 년 동안 육탈을 하여
수분도 빠지고
거미줄 같은 신경망과
말과 빠진 단백질 몇 가닥과
소량의 염기성 물질이 마른버짐같이
번져 있는
허무의 바다

물결 소리마저 버릴 수 없는
남루의 섬 위에.

낙타

김지원
제8시집
남은 그리움을 너에게 보낸다

살아간다는 것은
고삐에 매인 채
터벅거리는 일
터벅터벅 하루종일 팍팍한 모래 산을
넘고 넘어도
항상 제자리로 돌아오는
끝없는 사막에서
모래 산보다 더 무거운 짐을
등에 지고,
힘겹게 걸어가노라면
멀리서 가물가물 신기루 같은
옛사랑의 이야기도 떠오르고
가도가도 끝없는 사막의 그림자

산다는 것은 결국
차마 떠나지 못한 채
제자리를 맴도는 일.

제2부

낯선 시간 속에서

무등산

김지원
제8시집
남은 그리움을 너에게 보낸다

등급이 없는 세상을 일컬어
무등이라는데
그나마 없는 등급
갈대는 용케도 사이사이 길을 열어주어
바람을 잘 막아내고
저 만고강산에 빛나는 입석대는
천지사방에 우뚝 서
오가는 길 구분이 없네

행여 이것이 그것인가 하여
아무리 살펴봐도
그마저 없는 평등한 세상.

고향

김지원
제8시집
남은 그리움을 너에게 보낸다

고향은 아늑한 꿈길이다
봄이면 해창 가는 길 만발한
벚꽃 터널 같은

고향은 서원 뒤 실비단 안개다
어떤 상처도 살포시 감싸
휘감아 도는

고향은 우울한 몽상이다
때로는 천황봉 뒤덮은
안개 같은
아아, 땔나무꾼들이
점, 점, 점, 점……
산줄기 타고 하염없이 내려오던
허기진 여름날
들려오던 개호랑이의 전설
거지 쌀봉이의 각설이 타령에

말없이 내리던 겨울눈
이 모든 그리움이다
봉창문 하얗게 떠오르는
달빛 같은.

추더리 까마귀

김지원
제8시집
남은 그리움을 너에게 보낸다

잠에서 일어나기 싫은
추운 겨울 아침에는
빨리 가 봐라
추더리 다리 밑에 까마귀 얼어 죽었다

학교 가는 길이 꿈만 같았던 그런 날에는
비몽사몽간에 들려오던 어머니 말씀
추더리 다리 밑에 까마귀 얼어 죽었다
빨리 가 봐라

반신반의하며 나른한 몸을 일으켜 세워
주섬주섬 옷을 입고 문 밖을 나서면
네가 늦게 일어나는 바람에
누가 다 주워가 버렸다로 끝나는

아, 늘 아쉬움만 남은
추더리 까마귀.

낯선 시간 속에서

김지원
제8시집
남은 그리움을 너에게 보낸다

이전 것들은 어디론가 다 갔다
재남이네 집 토담이 헐리고
살구나무는 흔적도 없이 사라지고
경자네 집 마당 한가운데는
아파트가 들어서고
준채네 고샅길 앞으로
사차선 도로가 가물가물
끝간 데 없이 이어져 있다

팽나무 고목 쓰러진 밑둥치는
간신히 그루터기만 마른버짐처럼
희미하고
그 밑으로 낡은 방앗간이 비집고 들어
오래된 정물처럼 앉아 있다
시간이 휩쓸고 지나간 자리에는 폐허로 뒤덮이고
어디선가 낯선 풀씨들이 날아와
무성한 기침처럼 돋아나고 있었다.

대숲에는

김지원
제8시집
남은 그리움을 너에게 보낸다

대숲에는
인공 때 파 놓은 방공호가 있다
대숲에는
아무도 몰래 웃자란 씀바귀가
정적을 보듬고 있고
대숲에는
찔레꽃이 만발하여
새하얀 코티분 냄새를
쏟아내고 있다
대숲에는
푸른 댓잎 사이로
맑은 햇살이 서걱거리다 가고
밤으론 별떼들이 내려와
은하수를 흩뿌리고 지나갔다.

각시피리

김지원
제8시집
남은 그리움을 너에게 보낸다

학교 다리 밑에는
각시피리가 살았습니다
온몸이 빨갛게 물든 예쁜 물고기를
아이들은 그렇게 불렀습니다
정신없이 한참을 내려다보다
발걸음 소리를 죽이며
가만 가만 다가서면
어느 틈엔가 사라져 버린
각시피리
시퍼런 청보리 위로
보드라운 봄바람이 불어올 때쯤
풀피리 소리 들리고
몸이 빨갛게 홍매화처럼 물든
각시피리들이 그렇게
그림자처럼 물 위에 비쳤습니다.

태천봉

김지원
제8시집
남은 그리움을 너에게 보낸다

태천봉이란 이름을
누가 먼저 불렀는지
아무도 몰랐다
태천봉 바람이 어디서 오는지
아는 이도 없었고
왜 그렇게 혹독했는지
입 하나 뻥긋한 이 없었다

허허벌판 학교길
다리 건너기 전
늙은 소나무 몇 그루 서 있는
물꼬 근처 어디쯤을
우리는 그렇게 불렀다

태천봉만 건너면 바람이 잦아들었다
태천봉만 건너면 붉게 언 볼이 녹았다
태천봉만 건너면 살 만했다

살아가면서 그렇게 수없이 건넜던
태천봉!

유년의 겨울

김지원
제8시집
남은 그리움을 너에게 보낸다

겨울이면
보리밭에 새카맣게
까마귀가 내려앉았다.
찬바람이 불면
어디선가 하나 둘 나타나
온 하늘을 까마득히 덮고 날았다

사변 통에도,
동네에 큰 불이 날 때도,
방공호에
사람이 죽었을 때도
그렇게 가득히
하늘을 날았다.

몇 마장만 나가도
사람 하나 보이지 않고
초가집들만 드문드문

뗏장처럼 엎디어 있던 적막강산
아, 황량해서 아름다웠던 고향!

*청령포

김지원
제8시집
남은 그리움을 너에게 보낸다

슬픈 것들은 맑은 소리를 낸다
애달픈 것들은 더 곱고
구슬픈 소리를 내고

청령포에 가면
소리도, 향기도
푸른색 투성이다

이슬이 내리는 새벽
풀무치나 여치가 풀포기를 보듬고
가만 가만 울어대던 소리거나
맑은 산골 물에 헹궈진 새소리

지나간 것들은 가물거리는 기억처럼
점점 희미해져 가지만
시간이 지날수록 더욱 푸르게 부서지는 포구.

---

* 강원도 영월 단종 유배지

청령포 관음송

김지원
제8시집
남은 그리움을 너에게 보낸다

그는 모든 것을 보았다
그는 모든 소리를 들었다
이름하여 역사의 증인

오래 살다 보니
영보다는 욕이 많다
차마 눈뜨고 못 볼 일을 보거나
귀로 들을 수 없는 소리도 수없이 들었던
풍진 세상

권력에 눈이 어두우면
서슴없이 제 자식도 앞서 보내는
불의한 시대의 금표비는 아직도 유효한지
모든 것이 세월이 지나면
꿈 깬 듯 한다지만
아직도 헤어나지 못한 채 미망迷妄의 그림자
하나 붙들고

서성이는 시간

바람이 분다
더러워진 귀나 씻으라고
물결이 흐른다
어두워진 총명이나 씻으라고.

단종의 돌탑

김지원
제8시집
남은 그리움을 너에게 보낸다

그리우면 돌 하나 놓고
그리우면
다시 돌 위에 돌을 놓았다

돌무더기는 탑이 되었다
탑이 커질 때
그리움의 부피도 함께 커졌다
닿을 수 없는 그리움은
다시 그리움을 낳고
기도가 되었다

기도가 하늘로 피어올라 끝간 데 없을 때
그는 마지막 돌을 던졌다

십칠 년의 짧은 생애
아아, 그렇게
시간은 꽃이 되었다.

한반도 면에서

김지원
제8시집
남은 그리움을 너에게 보낸다

꿈에 본 산천이
길게 누워 있다
강원도 영월군 한반도면 옹정리에 가면
한반도와 그 부속 도서들이
한반도 속에 버젓이 들어와 있다
분단의 상징이던 철조망은 온데간데없고
상처 난 곳은 이미 치유되어 있다
백두산 천지도,
두만강 푸른 물결도 옛 모습 그대로고
말 달리던 선구자의 노랫소리도
혜란강도 굽이굽이 흐르고 있다

마음이 간절하면 꿈에 보인다는데
꿈이 간절하니 생시에 보이는가
그리웠던 꿈이여
이미 우리 안에 있었던 것을
얼마나 오래 찾아 헤맸는가.

구절리 풍경

김지원
제8시집
남은 그리움을 너에게 보낸다

구절리에 가면,
겨울 가뭄으로
하얗게 타들어 가는 가판대 위에
곤드레 나물, 미역취, 곰취, 얼레지
겨우살이 등
겨우겨우 겨울을 나는 것들이
빼빼마른 그리움으로
서로 뒤엉켜 있다

숨가쁘게 달려온
한 오백 년 살 것 같던 세상
정선 아리랑도 그만 목이 메어
마른기침처럼 쿨럭이는데

해가 맞도록 서성대던 그림자여
차마 떠나지 못하는
눈먼 사랑이 되어

청천 하늘에 가득
잔별로 떠 있는.

화암동굴 스케치

김지원
제8시집
남은 그리움을 너에게 보낸다

검게 그을린 등피
흐린 초점을 부비며
밤새워 어둠을 퍼내던 삽
세월을 부지런히 실어 나르던
탄 차도 버려둔 채
바람들은 제각기 길을 떠났다
아슬아슬한 벼랑 끝
대롱대롱 매달려 있는 쇠사다리를 지나
힘겨운 삶도 내려놓고
불안한 세월의 의미를 알 때쯤
그림자도 함께 데불고 갔다
시간의 상처 사라져버린
가슴보다 더 큰 발자국을 남긴 채
아무도 알 수 없는
미지의 세상을 향해 차례차례
부푼 전설이 되었다.

비무장지대1

김지원
제8시집
남은 그리움을 너에게 보낸다

이곳 물고기는 사람을 보고도 놀라지 않고
도망가지도 않았다
새는 사람이 먹이를 주지 않아도
모여들고
꽃과 나무와 바람은 가꾸지 않아도
향기를 내뿜었다
인간의 발길이 끊어진 시간부터
되살아난 생명의 핏줄
인간의 손길이 닿지 않는 시간부터
들려오는
아득한 창세기의
아기울음 소리.

비무장지대2

김지원
제8시집
남은 그리움을 너에게 보낸다

키 큰 나무는
키 작은 나무를 의지하고
키 작은 나무는
상처 난 땅을 의지하고
상처 난 땅은
피 흘린 것들을 의지하고 있다

피 흘린 것들은
밤새 고통을 끌어안으며
고통은 어둠을 끌어안고
남루하고
버려진 것들끼리
아침을 기다리고 있다

어디선가
이름 모를 풀씨 하나 날아와
살포시 상처 위에 앉았다.

비무장지대3

김지원
제8시집
남은 그리움을 너에게 보낸다

식목일이 없어도
아름드리나무는 울울창창하고
산림보호 플래카드 없어도
초목은 더욱 푸르르다
생태보호 구호소리 들리지 않지만
목이 쉬도록 푸른 녹음의 함성
포스터 한 장 붙지 않은 곳에
밤을 새워가며
서로가 응시하는 눈빛이 뜨겁다

오, 회복된 에덴이여
산토끼와 고라니와 말똥가리가
함께 뛰놀고
사자가 소처럼 풀을 뜯으며
어린이가 독사 굴에 손을 넣고 장난쳐도 물지 않는*
마침내 이사야가 꿈꾸던 세상!

---

* 이사야 11:8

비무장지대4

군복과 군화와
녹슨 철모와
거덜난 총검이 널브러진 틈바구니 사이로
삐비풀이 돋아났다

박격포 파편과
탄통탄과 탄피가
어지럽게 흩어져 있어
피아를 구분할 수 없는 곳에
흰 조각구름이
잠시 머물다 가고
선혈이 낭자했던 등성이마다
붉은 진달래가 피로 물들어 있다

이제는 살아남은 것들만 모여 숨죽이며 사는
적막강산
우울한 봄빛 속으로

종달새 한 마리가
자지러지게 땅을 차고 날고 있다.

일본

소리 없이 뒤에서
자동차가 따라온다
소리 없이 자전거도
벌써 등 뒤에 바짝 붙어 있다
생면부지의 낯선 사람들이
복면의 그림자처럼 다가오고 있다
모든 사물들이 호흡을 멈춘 채
소리 없이 따라와
등에 꽂힌다
섬뜩한 사무라이 칼끝처럼.

일본도

김지원
제8시집
남은 그리움을 너에게 보낸다

살아 있는 것은
무엇이든 베어버리겠다
시간도, 공간도
모가지도

싸가지 없는 것들은
모조리 자르겠다
나무도, 풀도,
산천초목도

맨 나중에는
세상에 피 흘리는 것들은 모조리
단칼에 날려 보내겠다
일본도刀까지.

일본의 대기

김지원
제8시집
남은 그리움을 너에게 보낸다

일본의 대기는
바닷바람이 아니다
홋카이도 추운 한랭전선도 아니고
류우큐우 열도의 후텁지근한 공기도 아니다
구십구 퍼센트가 주문呪文
숨을 내쉴 때마다 대기 중에 떠 있는
미세한 주문의 미립자들이
부지런히 폐공을 드나들며
온몸을 독경처럼 읽어대고

나머지는 침묵이다
평평한 긴장이 숨어 있는.

일본에 가면

김지원
제8시집
남은 그리움을 너에게 보낸다

일본에 지진이 많은 것은
할 말을 다하지 못하고 땅 속에 잠든 자들이
많기 때문이다
일본에 화산이 들끓고 있는 것도
칼싸움을 다 끝내지 못하고
꼬꾸라진 사람들 때문이다

언제부터인가
아름답게 피어나는 들꽃들도
자결하거나
요절의 소식뿐

일본에 가면
꽃도 꽃으로 보이지 않는다.

가을 금각사

김지원
제8시집
남은 그리움을 너에게 보낸다

색색의 단풍들이
황홀하게 누워 있다

이끼 위에
다시 고생대나 중생대쯤 이끼가
뒤덮여 세월의 무게를 더하고
그 위에 어디서 날아온지도 모를
풀씨들이 자라
공중정원을 이루고 있다

금빛으로 타는 금각사 지붕은
아득한 전설로 떠 있고
모든 시간들은 호흡을 멈춘 채
색색의 단풍 속에 기러기처럼 날고 있다

비가 내렸다
빨강, 노랑, 파랑 물감들이 풀어져

서서히 가을의 빈 공간 속으로
번지기 시작했다.

니조성에서

김지원
제8시집
남은 그리움을 너에게 보낸다

니조성 회랑은 부실공사다
나무와 나무 사이 아귀가 안 맞아
삐걱대는 소리
녹음방초 우거진 호시절도 아닌데
꾀꼬리 우는 소리라니
무슨 귀곡 산장인지
아니면
막부幕府 천막 무너지는 소리인지
자객들의 침입을 막기 위함이란 것도
기실,
총체적 부실공사 앞에서는
잠시 말을 잃는다
하루 이틀도 아니고
수백 년 동안을 이어온 역사와 전통에 빛나는
불안한 소리
자유함이란 애당초부터 없었던 것인가
좌불안석 같은 세상

하다 보니 잘못된 것이 아니라
처음 시작할 때부터 뒤틀린
부실공사.

조부님 전상서

사랑하는 내 조부님은
어디서 무슨 계절풍이 되었는지
지난해 세상을 떠난 오촌당숙은
어느 만경창파 푸른 물에 몸을 싣고
두둥실 떠다니는지
왜 바람이 부는 곳에는
사라진 것들이 모여 날며
외로운 것들은 서로 체온을
부비며 사는지
흩어졌다 하나 되고
하나 되었다 다시 가득 흩어져 내려
태산을 이루었구나

지난 겨울 자취도 없이 사라져버린
붓꽃 어린 싹이 눈물겹게 돋아나고 있다.

뼈 사진

김지원
제8시집
남은 그리움을 너에게 보낸다

병원에서
뼈 사진을 찍었더니
해골이 나타났다
움푹 들어간 눈
꺼진 콧잔등
이미 빠져나간 어금니 대신에
보철 치료한 가짜도
버젓이 내 것처럼 끼어들어
한 몫 거들고 있다
오장육부 깊숙한 곳에서
흐느적거리던 한 생애를
떠받치고 있던
채색된 눈물의 편린들
아무리 주관적으로 봐도
여전히 객관적인
캄보디아 킬링필드 전시장에서나 보았던
바글거리던 선반 위 수많은 해골바가지거나

수천 년 동안 쓸쓸한 왕가의 계곡에 묻혀 있던
애굽의 낡고 허름한 파라오가
어느 날 불쑥 나타나
서성이고 있다
마치 오랫동안 잊혀졌던 기억처럼.

치과에서

김지원
제8시집
남은 그리움을 너에게 보낸다

마취를 하고 눕자
뼈 가는 소리가 들렸다
갈고, 구멍을 뚫고, 망치질을 하고
아득한 세상 건너편에서
분진이 휘날렸다
순식간에 분필가루 같은 뽀얀 먼지가 일고
한편에선 연신 물을 뿌려가며
잠재웠다
굉음소리가 한번 들릴 때마다
공사판 철거 현장처럼
완강하게 버티던 것들도
결국 하나씩 풀썩이며 무너졌다
끝까지 저항하던 것들은
마침내 뿌리째 뽑혀 나오고
꼿꼿한 것들은 죽고
살아남은 것들은 회유되었다
이제 소리 지르는 것은 아무것도 없다

모조리 진압된 상태

각기 고통의 짐을 벗고 먼 길을 떠난 후
시간은 비로소 긴 잠에
빠져들었다.

귀거래사

김지원
제8시집
남은 그리움을 너에게 보낸다

용감한 자들은 돌아가리라
비겁한 자들이 도회의 빌딩 숲에서
머뭇거리고 있는 동안
깨어있는 자들은
자리를 털고 일어나리라
얽매여 있는 모든 것을 끊어버리고
희망을 만나러 숲으로 가리라
불타는 태양과 아름다운 초록빛 순수가
함께 어울려 사는 땅
들고양이의 기지개마저 한가로운
낮달이 뜨는 곳
잃어버린 낙원을 찾아
홀연히 길을 나서리라
메여있는 자들이 망설이며
시간을 허비하고 있는 동안.

어느덧

김지원
제8시집
남은 그리움을 너에게 보낸다

어느덧이란 말에
마음 두지 말자
어느덧이란 말에 마음 두어
어두워지던
유난히도 쓸쓸한 겨울 저녁
어둠을 타고 하나씩 날리던 눈발

아름다운 것들도
사랑스런 것들도
환희의 순간마저도
어느덧이란 말에
한없이 어두워진 날에는
홀로 내리는 눈마저
마음에 두지 말자.

아버지

김지원
제8시집
남은 그리움을 너에게 보낸다

아버지는 산이었다
그림자만으로도
온 세상을 다스리는
넉넉한 가슴이었다
떠오르는 해도 선뜻 내어주고
지는 황혼도 내색지 않고 슬쩍 담아내는
넓디넓은 오지그릇
아, 아침마다 비장한 기침소리를 내며 집을 나가
산이 되신 아버지
그 품에서 돋아난 어린 바람들
아버지 구릿빛 얼굴은 삶의 의지
굽어진 등은 자비의 등고선
굵은 손마디는 세월을 퍼내던 흔적으로 남아
그리움은 다시 세월이 되고
전설이 되었지만
지금도 꿈속 아득한 재 넘어 묵정밭 가물가물
갈아엎으시다가도 저녁이면

푸른 산 그림자 타고
가득 내려오시는 아버지.

제3부

종말

초록

김지원
제8시집
남은 그리움을 너에게 보낸다

너는 평화를 위하여
예비된 색이다

간음하지 말라
도둑질 말라
거짓 증거하지 말라
그 외에 다른 것이 있을지라도
다 이 말씀 속에 있는
온 천하를 주고도 바꿀 수 없는 생명

마지막 하늘이 종이 축처럼 말리는
종말이 온다 해도
상처 난 땅을 살포시 감싸 안은
메시아다
광명한 새벽별이다
깜깜한 흑암 속에서도
결코 꺼지지 않는.

그릇

김지원
제8시집
남은 그리움을 너에게 보낸다

우리 몸은 음식물 쓰레기봉투
꾹꾹 눌러 담아도
허기를 다 채울 수 없는
무한의 종량제

입을 열 때마다 악취를 풍겨
한번 벌린 입을
다물 수 없는
욕망의 그릇

아, 누구인가
이 오지 그릇에
푸른 하늘을 가득 퍼담아 줄이는.

녹

사용하라
사용하지 않으므로
생긴 녹이
강철을 녹이고
그보다 완강한 것도 무너트리니

봉사의 손길이 멈추는 시간부터 생기는
은밀한 녹
스스로를 함몰시키는
붉고 푸른색 곰팡이

슬프다!
그것은 네 영혼을 병들게 하는
사탄의 바이러스.

소욕

김지원
제8시집
남은 그리움을 너에게 보낸다

그가 주신 땅에서
공짜로 발 딛고 서 있다
공기도 값없이 마시며
따뜻한 햇볕과
철따라 주시는
우로도 받아 살고 있다
아무것도 가진 것 없는 적신으로
불쑥 이 세상에 와서
모든 것을 다 공짜로 받아 누리고 있다

그럼에도 불구하고
무엇인가
끊임없이 내 안에서 일어나는
소욕은.

자화상

김지원
제8시집
남은 그리움을 너에게 보낸다

놀라운 은총입니다
모든 것은 다 말씀으로 가르치셨지만
섬기는 것을 몸소 보여주심은
제자들의 발을 씻기 위하여
허리를 동이시고
제자들보다 낮은 자리에 앉으시고
다시 머리를 숙여 발을 씻긴 후
내가 너희를 사랑한 것같이
너희도 서로 사랑하라 하신 말씀

낮아지므로 높아지는 법을,
섬김으로 섬김을 받는 법을,
죽음으로써 다시 사는 법을
가르쳐 주셨지만
늘 연약하여 넘어지기만 한 믿음

천국에서 누가 크냐는 다툼도
사실은 세베대의 두 아들이 아니라
어리석음으로 깨닫지 못하는
우리들의 모습일 뿐입니다.

은혜의 바다

김지원
제8시집
남은 그리움을 너에게 보낸다

낮은 곳으로 가라
그러면 시내를 만나리라
더 낮은 곳으로 가면
강물을 만나게 되고
그보다 더 낮은 곳으로 내려가면
마침내 대양大洋을 만나리라

몸을 낮추고,
버리는 자가 만나는
은혜의 바다.

수용

김지원
제8시집
남은 그리움을 너에게 보낸다

언젠가는
수용하게 되리라
타인에게 있던 낯선 일들이
어느 날 불쑥 찾아와 일상을 무너트릴 때
그것이 몇천 날 밤을 뜬눈으로 지새우게 했던
가슴 아픈 이별이거나
온통 절망의 나락으로 떨어트리던
한숨이거나
장탄식이라 할지라도
알게 되리라
받아들이는 자에게 임하는 평안
망각은 시간이 가져다주는 선물인 것을
삶의 폭은 이해하는 것만큼 넓어지고
죽음은 오해하는 자에게 임하는 설레임

알게 되리라
네 가슴에 묻힌 모든 것들이

감사의 눈물로 다시 서게 되고
참담했던 기억마저
강 건너 등불처럼 아름답게 반짝이게 됨을.

내일

오늘만 알고
내일을 모르는 자에게
내일을 주신 하나님
감사드립니다
영원히 내일은 돌아오지 않고
기다리는 자에게 오는 것은
오늘
아침에서 저녁까지
일출에서 일몰까지
단회의 막은 내리고
어둠이 내릴 때면
지나온 시간들은 회한에 젖고
늘 가슴을 치는 것이지만
그럼에도 불구하고
허물치 않으시고
인자한 손길을 내미시는 당신은
영원한 내일입니다.

뜻

김지원
제8시집
남은 그리움을 너에게 보낸다

높은 산에 오르면 공기가 희박해져 숨이 막히고
더는 갈 수 없는 나라와 만나게 된다
바벨탑을 쌓지 말라는 뜻이다

물 속에 들어가면 숨이 막혀 살 수 없는
물고기의 세상과 부딪히게 된다
거주의 한계를 정하셨다는 뜻이다

가도 가도 끝없는 사막에 무작정 뛰어든 자는
목이 타 혀를 모래에 박고 죽거나
말라비틀어지고
영하 수십 도의 극지 근처에 얼씬거리게 되면
영원히 만년설에 갇혀 얼음 구덩이 신세를
면치 못하게 되리라

무엇인가
가야 할 곳과 가서는 안 될 곳

해야 할 것과 해서는 안 될 일
순리를 역리로 바꾸지 말라는 뜻이다.

달리다굼

김지원
제8시집
남은 그리움을 너에게 보낸다

늦잠 자는 아이를 깨우는
엄마의 다정한 음성이다
달리다굼
겨우내 꽁꽁 얼어붙은 대지 위에 내리는
아련한 봄비의 속삭임이다
달리다굼
아직 잔설이 언뜻언뜻 서린
마을 앞산 너머
푸른 보리 이랑을 타고 한없이 불어오던
봄바람의 말씀이다
달리다굼
일어나라
사망의 잠에서.

감사

살아 있다는 것만으로도
감사한 일이다
아직도 심장이 뛰고,
피가 돌고,
사유할 수 있다는 것은
신묘한 일이다.

존재를 인식할 수 있는 힘과
비존재라는 당황스러움도
아름다운 일일 뿐더러
벌써 어제의 일은 과거다
하루만큼 세포는 노쇠하고
하루만큼 총명은 흐리고
하루만큼 눈빛은 어두워지지만
여전히 나라고 주장하는
나

감사한 일이다
숨 쉬고 살아 있다는
한 가지 사실만으로도.

오병이어

김지원
제8시집
남은 그리움을 너에게 보낸다

보잘것없는 것을 가지고
하늘을 우러러 감사할 때
기적이 일어났습니다

보잘것없지만
서로 사랑으로 나눌 때
기적이 일어났습니다

참으로 볼품없는 것이지만
때로 오십씩, 백씩 앉아 질서를 지킬 때
역사가 나타났습니다

그 하찮은 보리떡 다섯 개와 물고기 두 마리
부스러기 은혜마저 버리지 않고 거둘 때
열두 바구니에 차고 넘쳤습니다
기적은 하늘에서 갑자기 내려오는
선물이 아닙니다.

섭리

김지원
제8시집
남은 그리움을 너에게 보낸다

미워하지 말라
그가 네게 악을 행하였을지라도
그 일을 통하여
네 발걸음을 인도하신 이
마치 칠 년 환난을 미리 아시고
형제들 앞서
요셉을 애굽에 보내심 같으니
원망하지 말라
비록 그가 무지한 일을 행하였을지라도
그 일을 통하여
네 잠든 영혼을 일깨우심을
팔고, 배반하고, 저주했던 무리로 인하여
구속의 역사를 이루신 은총을
생각하라
말 못하는 나귀 입을 통해서도
잘못된 길을 막으신 주께
오직 감사하라

이는 너를 온전케 하시는
놀라운 섭리.

주를 보라

김지원
제8시집
남은 그리움을 너에게 보낸다

머지않아
네 상처는 아물게 되리라
새살이 차오르고,
기억은 점점 희미해져
고통의 날들은
아름다운 추억이 되리라
마음 아파하지 말라
오직 주를 보라
세상의 모든 아픔과 싸워 이기신 이
지금 네 곁에 계시니.

종말

김지원
제8시집
남은 그리움을 너에게 보낸다

언젠가 별들의 권능이 떨어질 것이다
달이 피가 되고
하늘이 종이 축처럼 말리는
끔찍한 일이 벌어질 것이다
전무후무한 일로
세상은 한 번 벌린 입을
다물지도 못하리라

무릇,
생명을 부지코자 하는 자는
눈에 쌍심지를 켜고
먹을 것을 준비하든지,
마실 물을 숨겨 두든지,
방공호를 파든지,
아니면 세상 밖으로 줄행랑을 칠
준비라도 해야 할 것이다

그러나 알라
그보다 먼저 찾아올
네 개인의 종말!

시와 함께 읽는 산문

시미즈 시로우

시미즈 시로우

김지원
제8시집
남은 그리움을 너에게 보낸다

낙엽이 지고 있었다.

만추의 가을. 교토 시가지는 온통 붉게 물든 색색의 단풍 속에 잠겨 있었다. 이미 땅에 떨어진 낙엽들은 비에 젖어 나뒹굴고 발길 가는 곳마다 추적거리는 빗소리로 가득했다.

또 한 해가 말없이 가고 있었다. 우리는 아침 일찍 오사카에서 나라로 갔다가 너무 시간이 빨라 동대사 정창원 잠긴 문 앞에서 소풍 온 일본인 학생들과 함께 사진 몇 장을 찍고 다시 교토로 왔으니, 꽤 먼 거리를 달려온 셈이었다. 그리고 우리는 천 년 역사가 숨 쉬고 있는 고색창연한 도시, 그래서 비 내리는 가을날에는 다소 우울해 보이고 허름해 보이는 시가지를 지나 한적하고, 한적하다 못해 소외된 듯한 낡은 일본식 적산가옥 앞에 서 있었다.

京都市 東山區 正面通 大和大路 西入茶 屋田丁 이총지기(?) 시미즈 시로우가 살고 있는 곳이었다. 집 바로 앞에 불쑥 솟아오른 봉분 하나. 아무런 치장도

없고 안내자도 없는 한적한 도시 변두리의 길가에 방치된 듯한, 그래서 마치 초등학생이 가슴에 이름표를 달고 있듯 간판 하나 달고 서 있는 그 봉분 뒤쪽에 그는 그렇게 살고 있었다. 이미 병들어 몸은 거동하기조차 힘들어 마지막 가쁜 숨을 몰아쉬면서 띄엄띄엄 말문을 이어가고 있었다. 그리고 그 말들은 처마 끝에서 떨어지는 둔탁한 가을 빗소리에 섞여 멀어졌다가 가까워졌다. 이내 멀어지기도 하였다.

멀리는 임진왜란으로부터 시작하여 35년 동안 식민지 통치를 했던 근세에 이르기까지, 또는 잊어버릴 만하면 독도나 식민통치에 대한 허튼소리를 쏟아내는 현금에 이르기까지, 갖은 노략을 일삼으며 무고한 생명을 살해했으면서도 반성하기는커녕 오히려 뻔뻔스러운 주장을 일삼으며 딴전을 부리는 사람들을 대신하여 십자가라도 지고 싶었던 것일까.

아침 조석으로 빗자루를 들고 봉분을 청소하던 그가 이제 마지막 숨을 헐떡거리고 있었다. 목에서 들끓는 가래소리로 사실, 무슨 말을 하고 있는지도 불분명했다.

방에는 여기저기 꽁초가 널브러져 있고, 악취가 진동했다. 냉기로 썰렁한 침상 위에서 조금씩 몸을 움직이기는 하지만 생명은 경각 간에 달려 있는 듯했다. 이런 때에는 도대체 무슨 말을 어떻게 해야 할 것인가, 묘한 감정이 휩쓸고 지나갔다.

일본인의 양면성, 개인적으로는 예의바르고, 친절하고, 남을 배려할 줄 알고 남에게 폐를 끼치지 않는다며 일등 국민임을 자처하는 그들이 왜 집단만 되면 남에게 폐를 끼치며 배려하지 않고, 광기를 부리는 것일까. 알 수 없는 일이었다.

일본을 가본 사람들은 누구나 느끼는 것이겠지만, 그들은 참으로 친절하고 공손하며 질서를 잘 지킨다는 사실을 알게 된다.

그들은 함부로 자동차 경적을 울리지 않으며 자전거를 타고 다닐 때는 앞에 가는 사람들이 놀랄까봐 인기척 소리 하나 내지 않고 따라오며, 마침내 앞에 가던 사람들이 어찌어찌 하다가 알고 화들짝 놀라 길을 비켜서기까지 잠자코 따라간다.

또 공중목욕탕을 가보라. 우리와는 너무나 대조적인 광경을 목격하게 될 것이다. 어린 아이들이 제 세상을 만난 듯 소리 지르며 물장구를 치며, 울며, 불며, 장난질하며 어른들의 주의에도 아랑곳하지 않고 온갖 소란을 피워대는 우리 아이들에 비해, 일본의 어린 아이들은 공중질서를 지키며 떠들지 않고 조용히 어른들과 함께 어른처럼 목욕을 하고 나가는 절제된 모습을 발견하게 될 것이다.

그런데 그들은 왜, 무엇 때문에, 무엇을 위하여, 전쟁을 일으키고, 무례하게 이웃을 괴롭히는 것일까? 알 수 없는 일이었다.

숨을 헐떡이며 시미즈는 그를 찾아온 우리들에게 그간의 사정을 띄엄띄엄 털어놓기 시작했다. 그는 태어나면서부터 이총을 보고 태어났고, 이총을 돌보던 아버지를 보며 성장했고, 그리고 조석으로 이총을 돌보던 그의 아버지가 세상을 떠나자, 대를 이어 이총을 돌보고 있다는 것을. 돌본다는 것이 고작 향을 피우거나 빗자루를 들고 봉분 주위를 청소하거나, 풀을 뽑거나, 아니면 가뭄에 콩 나듯 찾아오는 사람들을 안내하는 정도겠지만. 그는 그렇게라도 그의 선대가 저지른 죄에 대하여 속죄라도 하고 싶었던 것일까.

1592년 도요토미 히데요시가 16만 대군을 일으켜 조선반도를 침략하여 만 7년간 지속해온 임진왜란과 정유재란! 계속된 난리통에 국토는 황폐화되고, 조선의 온 산야는 피로 물들었으며 살인과 약탈과 방화가 그치지 아니하였으니 그 참상을 어찌 다 필설로 표현할 수 있을 것인가.

7년 동안이나 지속되던 이 전쟁도 조선의 수군과 전국 각처에서 일어난 의병들로 인하여 더 이상 감당할 수 없게 되자 퇴각하기 시작했고, 퇴각할 때쯤 전공에 눈이 먼 왜병들은 무자비한 살상을 감행하여 전리품으로 코와 귀를 잘라 65만 개를 소금과 식초에 절여 끌고 가 무덤을 만들었으니 그것이 바로 이총이다.

세월이 지났지만 그 참혹함은 말로 다 표현할 수 없었으리라. 목이 떨어지고, 코와 귀가 떨어진 시신들이 온 강산을 뒤덮고, 피가 강물처럼 흘렀을 것이다.

그뿐 아니었다. 멀쩡히 살아 있는 사람의 코도 베어가 버려 전쟁이 끝난 뒤에도 수십 년 동안 조선에는 코나 귀가 없는 사람들이 거리를 배회하였고 10만 명의 사람을 노예로 끌고 가 국제 노예시장의 노예 값이 폭락하고 가까이는 마카오, 멀리는 이태리의 피렌체까지 팔려 나갔으니 가는 곳마다 부모를 잃은 아이들의 울음소리가 천지에 진동하고, 자식을 잃은 원한이 천추에 사무쳤을 것이다.

그는 우리의 마음을 알고 있었던 것일까. 대대로 그 조상들이 조선반도에 출병해온 사실과 본인도 일본군으로서 한반도와 만주까지 출병하였다는 사실을 중얼거리듯 내뱉고 있었다. 그리고 그는 자녀들이 도쿄에 살고 있다는 사실과 최근에는 이총에 찾아오는 사람들이 별로 없다는 이야기와 도우미들이 일주일에 두어 번씩 찾아와 청소를 해주고, 기저귀를 갈아주고, 빨래를 해준다는 이야기 등을 두서없이 해대고 있었다.

밖에는 둔탁한 가을 빗소리가 점점 더 거세지고 있었다. 방에 들어가지도 못하고 우산을 받쳐 든 채 밖에 서서 문틈으로 한식경이나 그의 말을 듣던 우리 일행은 그만 발걸음을 돌릴 수밖에 없었다. 노인은 숨이 가빠오고, 할 말을 다 한 듯했고, 우리도 더 들을 말도 없는 듯했다.

그동안 그들은 염장한 귀와 코를 땅에 묻은 채 꿀

먹은 벙어리처럼 세월을 보내다가 377년이 지난 1969년 4월 12일에서야 그야말로 집도 절도 아닌 이름하여 호코시方廣寺절 석축 및 석탑이라는 어정쩡한 간판 하나 달랑 세워 놓고, 공양의식을 거행하였다니. 이따위 의식만 하면 죽은 자들이 위로를 받는다고 생각했던 것일까.

그것도 늦게나마 찾아오기 시작한 한국인들과 재일교포들과 사회 일각의 소리가 높아지자 교토시에서는 단 한마디 사죄의 문구도 없이 "조선반도 침공은 조선 민중의 끊임없는 저항으로 패퇴하고 말았다. 전란이 남긴 이 흔적은 조선 민중의 수난의 역사적 교훈으로 오늘날까지 전해지고 있다"며 마치 자기네들과는 상관없는 제삼자의 일을 객관적으로 서술하고 있는 듯한 어정쩡한 말을 써 놓았을 뿐이다.

그나마 교토에는 간판이나 봉분이라도 있지, 그밖에 어디에 묻힌지도 모르는 수많은 이총이 있다니 참으로 기가 막힐 노릇이다. 오카야마 현에는 일본군 장졸 나카지마가 가져온 이총이 길가에 돌멩이 몇 개로 표시되어 있고. 이곳은 가끔 귀먹은 늙은이들이 찾아와 촛불을 켜놓고 길가에 앉아 그곳에서 기도를 드린다니 더 무슨 말이 필요하겠는가.

그곳을 떠난 지도 벌써 몇 해가 지났다. 정말 세월은 빠르다. 나는 때때로 생각한다. 쓸쓸한 가을비 속에 젖어 있는 봉분과 교토 시가지의 음울한 모습, 낡은 적산가옥 양철지붕에 떨어지던 빗소리, 그리고 목에 가래가 끓어 가쁜 숨을 몰아쉬던 시미즈 시로우의 모습을.

그는 죽었을까? 물론 죽었을 것이다. 지금쯤이면 그는 죽어 백골이 진토 되어 넋이라도 있고 없고 정도는 되었을 것이다. 물론 한 사람의 죽음이 중요한 것은 아니다. 또 그것을 말하려는 것도 아니다 지나간 과거를 들추어내자는 것도 아니다. 최소한 일본이 그들 말처럼 일등국민이 되려면 양심의 소리에 귀를 기울일 줄 아는 사람이 되어야 한다는 뜻이다.

역사적인 진실을 외면한 채 이총 앞에다 촛불을 밝혀두고 귀머거리의 귀가 열리기만을 기도하는 무지몽매한 백성들이라면 희망은 없다. 경제발전이고 나발이고, 대국이고 소국이고 뭐가 그리 대단한가. 쓰나미가 한번 휩쓸고 가면 끝장인데.

물경 일본 인구 일억 이천만!

시미즈 시로우처럼 속죄의 빗자루를 들 사람이 더는 없는 것인가.

남은 그리움을 너에게 보낸다

2013년 2월 15일 인쇄
2013년 2월 20일 발행

지은이 | 김지원
발행인 | 이형규
발행처 | 쿰란출판사

주소 | 서울특별시 종로구 이화동 184-3
TEL | 02-745-1007, 745-1301~2, 747-1212, 743-1300
영업부 | 02-747-1004, FAX / 02-745-8490
본사평생전화번호 | 0502-756-1004
홈페이지 | http://www.qumran.co.kr
E-mail | qrbooks@gmail.com
qrbooks@daum.net
한글인터넷주소 | 쿰란, 쿰란출판사

등록 | 제1-670호(1988.2.27)

책임교열 | 김유미 · 송은주

값 6,000원

ISBN 978-89-6562-407-3 03230